Manifeste d'économistes atterrés

Manifeste d'économistes atterrés

Crise et dettes en Europe : 10 fausses évidences, 22 mesures en débat pour sortir de l'impasse

LLL LES LIENS QUI LIBÈRENT

Retrouvez les économistes atterrés sur
http://economistes-atterres.blogspot.com

ISBN : 978-2-918597-26-1

Introduction

par Philippe Askenazy (CNRS),
Thomas Coutrot
(Conseil scientifique d'Attac),
André Orléan (CNRS, EHESS),
Henri Sterdyniak (OFCE)

La crise économique et financière qui a ébranlé le monde en 2007 et 2008 ne semble pas avoir affaibli la domination des schémas de pensée qui orientent les politiques économiques depuis trente ans. Le pouvoir de la finance n'est nullement remis en cause dans ses fondements. En Europe, au contraire, les États, sous la pression des institutions internationales et des agences de notation, appliquent avec une vigueur renouvelée des programmes de réformes et d'ajustements structurels qui ont dans le passé démontré leur capacité à accroître l'instabilité et les inégalités. Ils vont encore aggraver la crise européenne.

Atterrés par ce constat, nous avons souhaité favoriser l'expression publique des nombreux économistes, issus d'horizons théoriques très divers, qui ne se résignent pas à voir l'orthodoxie néolibérale réaffirmée et jugent nécessaire de changer le paradigme des politiques économiques en Europe.

Les économistes doivent assumer leurs responsabilités vis à vis de la société. La plupart des « experts » qui interviennent dans le débat public le font pour justifier l'actuelle soumission des politiques économiques aux exigences des marchés financiers. Car les hypothèses majeures qui sous-tendent ces politiques sont celles de l'efficience des marchés financiers et du poids excessif de l'État.

Cette double hypothèse s'est définitivement effondrée avec la crise bancaire et financière. À l'instar de celles qui l'ont précédée, cette grande crise exige une refondation de la pensée économique. Nombre de chercheurs ont entrepris de travailler dans cette direction. C'est pour favoriser ces nécessaires remises en cause que nous avons rédigé ce « manifeste d'économistes atterrés ».

Ce court texte ne prétend pas constituer un programme clés en main, que ce soit pour fonder une stratégie de recherche scientifique ou pour décrire une politique économique progressiste. Il se contente de critiquer certaines des fausses évidences – nous en avons retenu dix parmi les plus rabâchées – invoquées pour justifier les politiques actuellement menées en Europe, et d'ébaucher quelques propositions pour une autre stratégie économique et sociale. Il s'adresse à la communauté des économistes – et plus de sept cents de nos collègues l'ont signé – mais aussi plus largement à nos concitoyens. Depuis l'éclatement de la crise, le décalage est devenu patent entre le caractère péremptoire des affirmations des « experts » et la fragilité de leurs diagnostics. Nous souhaitons que ce manifeste puisse aider les citoyens à mettre des mots et des concepts sur leurs doutes, puisse les conforter sur le fait que d'autres choix peuvent être mis en débat.

Au nom de la science, des politiques ont été appliquées de façon souvent aveugle dans de nombreux pays depuis trente ans. Dans la vision néolibérale encore dominante, qui décrit un monde fait d'agents économiques individualistes et clairvoyants en concurrence les uns avec les autres, la libéralisation générale des marchés devait mathématiquement conduire à la croissance maximale et à l'optimum économique. Cette vision est certes une fiction commode pour écrire des modèles mathématiques, mais pas un outil fiable pour guider les décisions des élus du peuple. Si la science économique commence à remettre en questions ses hypothèses et ses méthodes, elle doit aussi se rappeler qu'il appartient aux citoyens, pas aux experts, de déterminer ensemble par la délibération démocratique les objectifs de l'activité économique, les critères de son efficacité et les moyens de s'en approcher.

Nous sommes conscients que l'actuelle crise est bien davantage qu'une crise économique. C'est aussi une crise sociale, sur fond de crises écologique et géopolitique, qui témoigne sans doute d'une rupture historique. Notre texte est très loin de répondre à tous ces enjeux. Mais s'il permet de faire progresser l'idée selon laquelle la science économique doit éclairer la pluralité des choix possibles, et non prétendre choisir à la place des citoyens, ce manifeste aura été utile.

FAUSSE ÉVIDENCE N° 1 : LES MARCHÉS FINANCIERS SONT EFFICIENTS

Aujourd'hui, un fait s'impose à tous les observateurs : le rôle primordial que jouent les marchés financiers dans le fonctionnement de l'économie. C'est là le résultat d'une longue évolution qui a débuté à la fin des années 1970. De quelque manière qu'on la mesure, cette évolution marque une nette rupture, aussi bien quantitative que qualitative, par rapport aux décennies précédentes. Sous la pression des marchés financiers, la régulation d'ensemble du capitalisme s'est transformée en profondeur, donnant naissance à une forme inédite de capitalisme que certains ont nommée « capitalisme patrimonial », « capitalisme financier » ou encore « capitalisme néolibéral ».

Ces mutations ont trouvé dans l'hypothèse d'efficience informationnelle des marchés financiers leur justification théorique. En effet, selon cette hypothèse, il importe de développer les marchés financiers, de faire en sorte qu'ils puissent fonctionner le plus librement possible, parce qu'ils constituent le seul mécanisme d'allocation efficace du capital. Les politiques menées avec opiniâtreté depuis trente ans sont conformes à cette recommandation. Il s'est agi de construire un marché financier mondialement intégré sur lequel tous les acteurs (entreprises, ménages, États, institutions financières) peuvent échanger toutes les catégories de titres (actions, obligations, dettes, dérivés, devises) pour toutes les maturités (long terme, moyen terme, court terme). Les marchés financiers en sont venus à ressembler au marché « sans friction » des manuels : le discours économique est parvenu à créer la réalité. Les marchés étant de plus en plus « parfaits » au sens de la théorie économique dominante, les analystes ont cru que le système financier était désormais bien plus stable que par le passé. La « grande modération » – réduction simultanée de la volatilité du PIB et de l'inflation qu'ont connue les USA de 1990 à 2007 – a semblé le confirmer.

Aujourd'hui encore le G20 persiste dans l'idée que les marchés financiers sont le bon mécanisme d'allocation du capital. La primauté et l'intégrité des marchés financiers demeurent les objectifs finaux que poursuit sa nouvelle régulation financière. La crise est interprétée non pas comme le résultat inévitable de l'instabilité propre aux marchés financiers dérégulés, mais comme l'effet de la malhonnêteté et de l'irresponsabilité de certains acteurs financiers mal encadrés par les pouvoirs publics.

Pourtant, la crise s'est chargée de démontrer que les marchés ne sont pas efficients, et qu'ils ne permettent pas une allocation efficace du capital. Les conséquences de ce fait en matière de régulation et de politique économique sont immenses. La théorie de l'efficience repose sur l'idée que le prix qui se forme sur un marché constitue donc une bonne estimation de la vraie valeur des titres, supposée résumer toute l'information nécessaire pour orienter l'activité économique et ainsi la vie sociale. Ainsi, le capital s'investit dans les projets les plus rentables et délaisse les projets les moins efficaces. Telle est l'idée centrale de cette théorie : la concurrence financière produit des prix justes qui constituent des signaux fiables pour les investisseurs et orientent efficacement le développement économique.

Mais la crise est venue confirmer les différents travaux critiques qui avaient mis en doute cette proposition. La concurrence financière ne produit pas nécessairement des prix justes. Pire : la concurrence financière est souvent déstabilisante et conduit à des évolutions de prix excessives et irrationnelles, les bulles financières.

L'erreur majeure de la théorie de l'efficience des marchés financiers consiste à transposer aux produits financiers la théorie habituelle des marchés de biens ordinaires. Sur ces derniers, la concurrence est pour partie autorégulatrice en vertu de ce qu'on nomme la « loi » de l'offre et de la demande : lorsque le prix d'un bien augmente, alors les producteurs vont augmenter leur offre et les acheteurs réduire leur demande ; le prix va donc baisser et revenir près de son niveau d'équilibre. Autrement dit, quand le prix d'un bien augmente, des forces de rappel tendent à freiner puis inverser cette hausse. La concurrence produit ce qu'on appelle des « feedbacks négatifs », des forces de rappel qui vont dans le sens contraire du choc initial. L'idée d'efficience naît d'une transposition directe de ce mécanisme à la finance de marché.

Or, pour cette dernière, la situation est radicalement différente. Quand le prix augmente, il est fréquent d'observer, non pas une baisse mais une hausse de la demande ! En effet, la hausse du prix signifie un rendement accru pour ceux qui possèdent le titre, du fait de la plus-value réalisée. La hausse du prix attire donc de nouveaux acheteurs, ce qui renforce encore la hausse initiale. Les promesses de bonus poussent les traders à amplifier encore le mouvement. Jusqu'à l'incident, imprévisible mais inévitable, qui provoque l'inversion des anticipations et le krach. Ce phénomène digne des moutons de Panurge est un processus à « feedbacks positifs », qui aggrave les déséquilibres. C'est la bulle spéculative : une hausse cumulative des prix qui se nourrit elle-même. Ce type de processus ne produit pas des prix justes, mais au contraire des prix inadéquats.

En conséquence, la place prépondérante occupée par les marchés financiers ne peut donc conduire à une quelconque efficacité. Plus même, elle est une source permanente d'instabilité, comme le montre clairement la série ininterrompue de bulles que nous avons connue depuis vingt ans : Japon, Asie du Sud-Est, Internet, marchés émergents, immobilier, titrisation. L'instabilité financière se traduit ainsi par de fortes fluctuations des taux de change et de la Bourse, manifestement sans rapport avec les fondamentaux de l'économie. Cette instabilité, née du secteur financier, se propage à l'économie réelle par de nombreux mécanismes.

Pour réduire l'inefficience et l'instabilité des marchés financiers, nous suggérons quatre mesures :

Mesure n° 1 : cloisonner strictement les marchés financiers et les activités des acteurs financiers, interdire aux banques de spéculer pour leur compte propre, pour éviter la propagation des bulles et des krachs.
Mesure n° 2 : réduire la liquidité et la spéculation déstabilisatrice par des contrôles sur les mouvements de capitaux et des taxes sur les transactions financières.
Mesure n° 3 : limiter les transactions financières à celles répondant aux besoins de l'économie réelle par exemple : CDS uniquement pour les détenteurs des titres assurés, etc.).
Mesure n° 4 : plafonner la rémunération des traders.

FAUSSE ÉVIDENCE N° 2 : LES MARCHÉS FINANCIERS SONT FAVORABLES À LA CROISSANCE ÉCONOMIQUE

L'intégration financière a porté le pouvoir de la finance à son zénith par le fait qu'elle unifie et centralise la propriété capitaliste à l'échelle mondiale. Désormais c'est elle qui détermine les normes de rentabilité exigées pour l'ensemble des capitaux. Le projet était que la finance de marché se substitue au financement bancaire des investissements. Projet qui a d'ailleurs échoué, puisque aujourd'hui, globalement, ce sont les entreprises qui financent les actionnaires au lieu du contraire. La gouvernance des entreprises s'est néanmoins profondément transformée pour atteindre les normes de rentabilité du marché. Avec la montée en puissance de la valeur actionnariale, s'est imposée une conception nouvelle de l'entreprise et de sa gestion, pensées comme étant au service exclusif de l'actionnaire. L'idée d'un intérêt commun propre aux différentes parties prenantes liées à l'entreprise a disparu. Les dirigeants des entreprises cotées en Bourse ont désormais pour mission première de satisfaire le désir d'enrichissement des actionnaires et lui seul. En conséquence, ils cessent eux-mêmes d'être des salariés, comme le montre l'envolée démesurée de leurs rémunérations. Comme l'avance la théorie de « l'agence », il s'agit de faire en sorte que les intérêts des dirigeants soient désormais convergents avec ceux des actionnaires.

Le ROE (*Return on Equity*, ou rendement des capitaux propres) de 15 % à 25 % est désormais la norme qu'impose le pouvoir de la finance aux entreprises et aux salariés. La liquidité est l'instrument de ce pouvoir, permettant à tout moment aux capitaux non satisfaits d'aller voir ailleurs. Face à cette puissance, le salariat comme la souveraineté politique apparaissent de par leur fractionnement en état d'infériorité. Cette situation déséquilibrée conduit à des exigences de profit déraisonnables, car elles brident la croissance économique et conduisent à une augmentation continue des inégalités de revenu. D'une part, les exigences de profitabilité inhibent fortement l'investissement : plus la rentabilité demandée est élevée, plus il est difficile de trouver des projets suffisamment performants pour la satisfaire. Les taux d'investissement restent historiquement faibles en Europe et aux États-Unis. D'autre part, ces exigences provoquent une constante pression à la baisse sur les salaires et le pouvoir d'achat, ce qui n'est pas favorable à la demande. Le freinage simultané de l'investissement et de la consommation conduit à une croissance faible et à un chômage endémique. Cette tendance a été contrecarrée dans les pays anglo-saxons par le développement de l'endettement des ménages et par les bulles financières qui créent une richesse fictive, permettent une croissance de la consommation sans salaire, mais se terminent par des krachs.

> Pour remédier aux effets négatifs des marchés financiers sur l'activité économique nous mettons en débat trois mesures :
>
> **Mesure n° 5** : renforcer significativement les contre-pouvoirs dans les entreprises pour obliger les directions à prendre en compte les intérêts de l'ensemble des parties prenantes.
> **Mesure n° 6** : accroître fortement l'imposition des très hauts revenus pour décourager la course aux rendements insoutenables.

Mesure n° 7 : réduire la dépendance des entreprises vis-à-vis des marchés financiers, en développant une politique publique du crédit (taux préférentiels pour les activités prioritaires au plan social et environnemental).

FAUSSE ÉVIDENCE N° 3 : LES MARCHÉS SONT DE BONS JUGES DE LA SOLVABILITÉ DES ÉTATS

Selon les tenants de l'efficience des marchés financiers, les opérateurs de marché prendraient en compte la situation objective des finances publiques pour évaluer le risque de souscrire à un emprunt d'État. Prenons le cas de la dette grecque : les opérateurs financiers et les décideurs s'en remettent aux seules évaluations financières pour juger la situation. Ainsi, lorsque le taux exigé de la Grèce est monté à plus de 10 %, chacun en a déduit que le risque de défaut était proche : si les investisseurs exigent une telle prime de risque, c'est que le danger est extrême.

C'est là une profonde erreur si l'on comprend la vraie nature de l'évaluation par le marché financier. Celui-ci n'étant pas efficient, il produit très souvent des prix totalement déconnectés des fondamentaux. Dans ces conditions, il est déraisonnable de s'en remettre aux seules évaluations financières pour juger d'une situation. Évaluer la valeur d'un titre financier n'est pas une opération comparable à la mesure d'une grandeur objective, par exemple à l'estimation du poids d'un objet. Un titre financier est un droit sur des revenus futurs : pour l'évaluer il faut prévoir ce que sera ce futur. C'est affaire de jugement, pas de mesure objective, parce qu'à l'instant *t*, l'avenir n'est aucunement prédéterminé. Dans les salles de marché, il n'est que ce que les opérateurs imaginent qu'il sera. Un prix financier résulte d'un jugement, une croyance, un pari sur l'avenir : rien n'assure que le jugement des marchés ait une quelconque supériorité sur les autres formes de jugement.

Surtout, l'évaluation financière n'est pas neutre : elle affecte l'objet mesuré, elle engage et construit le futur qu'elle imagine. Ainsi, les agences de notation financières contribuent largement à déterminer les taux d'intérêt sur les marchés obligataires en attribuant des notes empruntes d'une grande subjectivité voire d'une volonté d'alimenter l'instabilité, source de profits spéculatifs. Lorsqu'elles dégradent la notation d'un État, elles accroissent le taux d'intérêt exigé par les acteurs financiers pour acquérir les titres de la dette publique de cet État, et augmentent par là même le risque de faillite qu'elles ont annoncé.

Pour réduire l'emprise de la psychologie des marchés sur le financement des États nous mettons en débat deux mesures :

Mesure n° 8 : les agences de notation financière ne doivent pas être autorisées à peser arbitrairement sur les taux d'intérêt des marchés obligataires en dégradant la note d'un État : on devrait réglementer leur activité en exigeant que cette note résulte d'un calcul économique transparent.

Mesure n°8 bis : affranchir les États de la menace des marchés financiers en garantissant le rachat des titres publics par la BCE.

FAUSSE ÉVIDENCE N° 4 : L'ENVOLÉE DES DETTES PUBLIQUES RÉSULTE D'UN EXCÈS DE DÉPENSES

Michel Pébereau, l'un des « parrains » de la banque française, décrivait en 2005, dans l'un de ces rapports officiels *ad hoc*, une France étouffée par la dette publique et sacrifiant ses générations futures en s'adonnant à des dépenses sociales inconsidérées. L'État s'endettant comme un père de famille alcoolique qui boit au-dessus de ses moyens : telle est la vision ordinairement propagée par la plupart des éditorialistes. L'explosion récente de la dette publique en Europe et dans le monde est pourtant due à tout autre chose : aux plans de sauvetage de la finance et surtout à la récession provoquée par la crise bancaire et financière qui a commencé en 2008 : le déficit public moyen dans la zone euro n'était que de 0,6 % du PIB en 2007, mais la crise l'a fait passer à 7 % en 2010. La dette publique est passée en même temps de 66 % à 84 % du PIB.

Cependant, la montée de la dette publique en France et dans de nombreux pays européens a d'abord été modérée et antérieure à cette récession : elle provient largement non pas d'une tendance à la hausse des dépenses publiques – puisqu'au contraire celles-ci, en proportion du PIB, sont stables ou en baisse dans l'Union européenne depuis le début des années 1990 – mais de l'effritement des recettes publiques, du fait de la faiblesse de la croissance économique sur la période, et de la contre-révolution fiscale menée par la plupart des gouvernements depuis vingt-cinq ans. Sur plus long terme, la contre-révolution fiscale a continûment alimenté le gonflement de la dette d'une récession à l'autre. Ainsi en France, un récent rapport parlementaire chiffre à 100 milliards d'euros en 2010 le coût des baisses d'impôts consenties entre 2000 et 2010, sans même inclure les exonérations de cotisations sociales (30 milliards) et d'autres « dépenses fiscales ». Faute d'harmonisation fiscale, les États européens se sont livrés à la concurrence fiscale, baissant les impôts sur les sociétés, les hauts revenus et les patrimoines. Même si le poids relatif de ses déterminants varie d'un pays à l'autre, la hausse quasi générale des déficits publics et des ratios de dette publique en Europe au cours des trente dernières années ne résulte pas principalement d'une dérive coupable des dépenses publiques. Un diagnostic qui ouvre évidemment d'autres pistes que la sempiternelle réduction des dépenses publiques.

> Pour restaurer un débat public informé sur l'origine de la dette et donc les moyens d'y remédier nous mettons en débat une proposition :
>
> **Mesure n° 9** : réaliser un audit public et citoyen des dettes publiques, pour déterminer leur origine et connaître l'identité des principaux détenteurs de titres de la dette et les montants détenus.

FAUSSE ÉVIDENCE N° 5 : IL FAUT RÉDUIRE LES DÉPENSES POUR RÉDUIRE LA DETTE PUBLIQUE

Même si l'augmentation de la dette publique résultait en partie d'une hausse des dépenses publiques, couper dans ces dépenses ne constituerait pas une solution. Car la dynamique de la dette publique n'a pas grand-chose à voir avec celle d'un ménage : la macroéconomie n'est pas réductible à l'économie domestique. La dynamique de la dette dépend en toute généralité de plusieurs facteurs : le niveau des déficits primaires, mais aussi l'écart entre le taux d'intérêt et le taux de croissance nominal de l'économie.

Car si ce dernier est plus faible que le taux d'intérêt, la dette va s'accroître mécaniquement du fait de « l'effet boule de neige » : le montant des intérêts explose, et le déficit total (y compris les intérêts de la dette) aussi. Ainsi, au début des années 1990, la politique du franc fort menée par Bérégovoy et maintenue malgré la récession de

1993-1994 s'est traduite par un taux d'intérêt durablement plus élevé que le taux de croissance, expliquant le bond de la dette publique de la France pendant cette période. C'est le même mécanisme qui expliquait l'augmentation de la dette dans la première moitié des années 1980, sous l'impact de la révolution néolibérale et de la politique de taux d'intérêts élevés menée par Ronald Reagan et Margaret Thatcher.

Mais le taux de croissance de l'économie lui-même n'est pas indépendant des dépenses publiques : à court terme l'existence de dépenses publiques stables limite l'ampleur des récessions (« stabilisateurs automatiques ») ; à long terme les investissements et dépenses publiques (éducation, santé, recherche, infrastructures…) stimulent la croissance. Il est faux d'affirmer que tout déficit public accroît d'autant la dette publique, ou que toute réduction du déficit permet de réduire la dette. Si la réduction des déficits plombe l'activité économique, la dette s'alourdira encore plus. Les commentateurs libéraux soulignent que certains pays (Canada, Suède, Israël) ont réalisé de très brutaux ajustements de leurs comptes publics dans les années 1990 et connu immédiatement après un fort rebond de la croissance. Mais cela n'est possible que si l'ajustement concerne un pays isolé, qui regagne rapidement de la compétitivité sur ses concurrents. Ce qu'oublient évidemment les partisans de l'ajustement structurel européen, c'est que les pays européens ont pour principaux clients et concurrents les autres pays européens, l'Union européenne étant globalement peu ouverte sur l'extérieur. Une réduction simultanée et massive des dépenses publiques de l'ensemble des pays de l'Union ne peut avoir pour effet qu'une récession aggravée et donc un nouvel alourdissement de la dette publique.

> Pour éviter que le rétablissement des finances publiques ne provoque un désastre social et politique nous mettons en débat deux mesures :
>
> **Mesure n° 10** : maintenir le niveau des protections sociales, voire les améliorer (assurance-chômage, logement...).
> **Mesure n° 11** : accroître l'effort budgétaire en matière d'éducation, de recherche, d'investissements dans la reconversion écologique... pour mettre en place les conditions d'une croissance soutenable, permettant une forte baisse du chômage.

FAUSSE ÉVIDENCE N° 6 : LA DETTE PUBLIQUE REPORTE LE PRIX DE NOS EXCÈS SUR NOS PETITS-ENFANTS

Il est une autre affirmation fallacieuse qui confond économie ménagère et macroéconomie, celle selon laquelle la dette publique serait un transfert de richesse au détriment des générations futures. La dette publique est bien un mécanisme de transfert de richesses, mais c'est surtout des contribuables ordinaires vers les rentiers.

En effet, se fondant sur la croyance rarement vérifiée selon laquelle baisser les impôts stimulerait la croissance et accroîtrait *in fine* les recettes publiques, les États européens ont depuis 1980 imité les USA dans une politique de moins-disant fiscal systématique. Les réductions d'impôt et de cotisations se sont multipliées (sur les bénéfices des sociétés, sur le revenu des particuliers les plus aisés, sur les patrimoines, sur les cotisations patronales…), mais leur impact sur la croissance économique est resté très incertain. Ces politiques fiscales anti-redistributives ont donc aggravé à la fois, et de façon cumulative, les inégalités sociales et les déficits publics.

Ces politiques fiscales ont obligé les administrations publiques à s'endetter auprès des ménages aisés et des marchés financiers pour financer les déficits ainsi créés. C'est ce qu'on pourrait appeler « l'effet jackpot » : avec l'argent économisé sur leurs impôts, les riches ont pu acquérir les titres (porteurs d'intérêts) de la dette publique émise pour financer les déficits publics provoqués par les réductions d'impôts… Le service de la dette publique en France représente ainsi 40 milliards d'euros par an, presque autant que les recettes de l'impôt sur le revenu. Tour de force d'autant plus brillant qu'on a ensuite réussi à faire croire au public que la dette publique était la faute des fonctionnaires, des retraités et des malades.

L'accroissement de la dette publique en Europe ou aux USA n'est donc pas le résultat de politiques keynésiennes expansionnistes ou de politiques sociales dispendieuses mais bien plutôt d'une politique en faveur des couches privilégiées : les « dépenses fiscales » (baisses d'impôts et de cotisations) augmentent le revenu disponible de ceux qui en ont le moins besoin, qui du coup peuvent accroître encore davantage leurs placements notamment en bons du Trésor, lesquels sont rémunérés en intérêts par l'impôt prélevé sur tous les contribuables. Au total se met en place un mécanisme de redistribution à rebours, des classes populaires vers les classes aisées, via la dette publique dont la contrepartie est toujours de la rente privée.

> Pour redresser de façon équitable les finances publiques en Europe et en France nous mettons en débat deux mesures :
>
> **Mesure n° 12** : redonner un caractère fortement redistributif à la fiscalité directe sur les revenus (suppression des niches, création de nouvelles tranches et augmentation des taux de l'impôt sur le revenu…).
> **Mesure n° 13** : supprimer les exonérations consenties aux entreprises sans effets suffisants sur l'emploi.

FAUSSE ÉVIDENCE N° 7 : IL FAUT RASSURER LES MARCHÉS FINANCIERS POUR POUVOIR FINANCER LA DETTE PUBLIQUE

Au niveau mondial, la montée des dettes publiques doit être analysée corrélativement à la financiarisation. Durant les trente dernières années, à la faveur de la totale libéralisation de la circulation des capitaux, la finance a accru considérablement son emprise sur l'économie. Les grandes entreprises recourent de moins en moins au crédit bancaire et de plus en plus aux marchés financiers. Les ménages aussi voient une part croissante de leur épargne drainée vers la finance pour leurs retraites, via les divers produits de placement ou encore dans certains pays via le financement de leur logement (prêts hypothécaires). Les gestionnaires de portefeuille cherchant à diversifier les risques, ils recherchent des titres publics en complément de titres privés. Ils les trouvaient facilement sur les marchés car les gouvernements menaient des politiques similaires conduisant à un essor des déficits : taux d'intérêt élevés, baisses d'impôts ciblées sur les hauts revenus, incitations massives à l'épargne financière des ménages pour favoriser les retraites par capitalisation, etc.

Au niveau de l'UE, la financiarisation de la dette publique a été inscrite dans les traités : depuis Maastricht, les banques centrales ont interdiction de financer directement les États, qui doivent trouver prêteurs sur les marchés financiers. Cette « répression monétaire » accompagne la « libération financière » et prend l'exact contre-pied des politiques adoptées après la grande crise des années 1930, de « répression financière » (restrictions drastiques à la liberté d'action de la finance) et de « libération monétaire » (avec la fin de l'étalon-or). Il s'agit de soumettre les États, supposés par nature trop dépensiers, à la discipline de marchés financiers supposés par nature efficients et omniscients.

Résultat de ce choix doctrinaire, la Banque centrale européenne n'a ainsi pas le droit de souscrire directement aux émissions d'obligations publiques des États européens. Privés de la garantie de pouvoir toujours se financer auprès de la Banque centrale, les pays du Sud ont ainsi été les victimes d'attaques spéculatives. Certes depuis quelques mois, alors qu'elle s'y était toujours refusée au nom d'une orthodoxie sans faille, la BCE achète des obligations d'État au taux d'intérêt du marché pour calmer les tensions sur le marché obligataire européen. Mais rien ne dit que cela suffira, si la crise de la dette s'aggrave et que les taux d'intérêt de marché s'envolent. Il pourrait alors être difficile de maintenir cette orthodoxie monétaire dénuée de fondements scientifiques sérieux.

> Pour remédier au problème de la dette publique nous mettons en débat deux mesures :
>
> **Mesure n° 14** : autoriser la Banque centrale européenne à financer directement les États (ou à imposer aux banques commerciales de souscrire à l'émission d'obligations publiques) à bas taux d'intérêt, desserrant ainsi le carcan dans lequel les marchés financiers les étreignent.
>
> **Mesure n° 15** : si nécessaire, restructurer la dette publique, par exemple en plafonnant le service de la dette publique à un certain pourcentage du PIB, et en opérant une discrimination entre les créanciers selon le volume

des titres qu'ils détiennent : les très gros rentiers (particuliers ou institutions) doivent consentir un allongement sensible du profil de la dette, voire des annulations partielles ou totales. Il faut aussi renégocier les taux d'intérêt exorbitants des titres émis par les pays en difficulté depuis la crise.

FAUSSE ÉVIDENCE N° 8 : L'UNION EUROPÉENNE DÉFEND LE MODÈLE SOCIAL EUROPÉEN

La construction européenne apparaît comme une expérience ambiguë. Deux visions de l'Europe coexistent, sans oser s'affronter ouvertement. Pour les sociaux-démocrates l'Europe aurait dû se donner l'objectif de promouvoir le modèle social européen, fruit du compromis social de l'après Seconde Guerre mondiale, avec sa protection sociale, ses services publics et ses politiques industrielles. Elle aurait dû constituer un rempart face à la mondialisation libérale, un moyen de protéger, de faire vivre et progresser ce modèle. L'Europe aurait dû défendre une vision spécifique de l'organisation de l'économie mondiale, la mondialisation régulée par des organismes de gouvernance mondiale. Elle aurait dû permettre aux pays membres de maintenir un niveau élevé de dépenses publiques et de redistribution, en protégeant leur capacité de les financer par l'harmonisation de la fiscalité sur les personnes, les entreprises, les revenus du capital.

Cependant, l'Europe n'a pas voulu assumer sa spécificité. La vision dominante actuellement à Bruxelles et au sein de la plupart des gouvernements nationaux est au contraire celle d'une Europe libérale, dont l'objectif est d'adapter les sociétés européennes aux exigences de la mondialisation : la construction européenne est l'occasion de mettre en cause le modèle social européen et de déréguler l'économie. La prééminence du droit de la concurrence sur les réglementations nationales et sur les droits sociaux dans le Marché unique permet d'introduire plus de concurrence sur les marchés des produits et des services, de diminuer l'importance des services publics et d'organiser la mise en concurrence des travailleurs européens. La concurrence sociale et fiscale a permis de réduire les impôts, notamment sur les revenus du capital et des entreprises (les « bases mobiles »), et de faire pression sur les dépenses sociales. Les traités garantissent quatre libertés fondamentales : la libre circulation des personnes, des marchandises, des services et des capitaux. Mais loin de se limiter au marché intérieur, la liberté de circulation des capitaux a été accordée aux investisseurs du monde entier, soumettant ainsi le tissu productif européen aux contraintes de valorisation des capitaux internationaux. La construction européenne apparaît comme un moyen d'imposer aux peuples des réformes néolibérales.

L'organisation de la politique macroéconomique (indépendance de la Banque centrale européenne vis-à-vis du politique, Pacte de stabilité) est marquée par la méfiance envers les gouvernements démocratiquement élus. Il s'agit de priver les pays de toute autonomie en matière de politique monétaire comme en matière budgétaire. L'équilibre budgétaire doit être atteint, puis toute politique discrétionnaire de relance bannie, pour ne plus laisser jouer que la « stabilisation automatique ». Aucune politique conjoncturelle commune n'est mise en œuvre au niveau de la zone, aucun objectif commun n'est défini en termes de croissance ou d'emploi. Les différences de situation entre les pays ne sont pas prises en compte, puisque le pacte ne s'intéresse ni aux taux d'inflation ni aux déficits extérieurs nationaux ; les objectifs de finances publiques ne tiennent pas compte des situations économiques nationales.

Les instances européennes ont tenté d'impulser des réformes structurelles (par les Grandes orientations de politiques économiques, la Méthode ouverte de coordination, ou l'agenda de Lisbonne) avec un succès très inégal. Leur mode d'élaboration n'était ni démocratique, ni mobilisateur, leur orientation libérale ne correspondait pas obligatoirement aux politiques décidées au niveau national, compte tenu des rapports de forces existant dans chaque pays. Cette orientation n'a pas connu d'emblée les succès éclatants qui l'auraient légitimée. Le mouvement de libéralisation économique a été remis en cause (échec de la directive Bolkestein) ; certains pays ont été tentés de nationaliser leur politique industrielle tandis que la plupart s'opposaient à l'européanisation de leurs politiques fiscales ou sociales. L'Europe sociale est restée un vain mot, seule l'Europe de la concurrence et de la finance s'est réellement affirmée.

Pour que l'Europe puisse promouvoir véritablement un modèle social européen, nous mettons en débat deux mesures :

Mesure n° 16 : remettre en cause la libre circulation des capitaux et des marchandises entre l'Union européenne et le reste du monde, en négociant des accords multilatéraux ou bilatéraux si nécessaire.
Mesure n° 17 : au lieu de la politique de concurrence, faire de « l'harmonisation dans

le progrès » le fil directeur de la construction européenne. Mettre en place des objectifs communs à portée contraignante en matière de progrès social comme en matière macroéconomique (des GOPS, Grandes orientations de politique sociale)

FAUSSE ÉVIDENCE N° 9 : L'EURO EST UN BOUCLIER CONTRE LA CRISE

L'euro aurait dû être un facteur de protection contre la crise financière mondiale. Après tout, la suppression de toute incertitude sur les taux de change entre monnaies européennes a éliminé un facteur majeur d'instabilité. Pourtant, il n'en a rien été : l'Europe est plus durement et plus durablement affectée par la crise que le reste du monde. Cela tient aux modalités mêmes de construction de l'union monétaire.

Depuis 1999, la zone euro a connu une croissance relativement médiocre et un accroissement des divergences entre les États membres en termes de croissance, d'inflation, de chômage et de déséquilibres extérieurs. Le cadre de politique économique de la zone euro, qui tend à imposer des politiques macroéconomiques semblables pour des pays dans des situations différentes, a élargi les disparités de croissance entre les États membres. Dans la plupart des pays, en particulier les plus grands, l'introduction de l'euro n'a pas provoqué l'accélération promise de la croissance. Pour d'autres, il y a eu croissance mais au prix de déséquilibres difficilement soutenables. La rigidité monétaire et budgétaire, renforcée par l'euro, a permis de faire porter tout le poids des ajustements sur le travail. On a promu la flexibilité et l'austérité salariale, réduit la part des salaires dans le revenu total, accru les inégalités.

Cette course au moins-disant social a été remportée par l'Allemagne qui a su dégager d'importants surplus commerciaux au détriment de ses voisins et surtout de ses propres salariés, en s'imposant une baisse du coût du travail et des prestations sociales, ce qui lui a conféré un avantage commercial par rapport à ses voisins qui n'ont pu traiter leurs travailleurs aussi durement. Les excédents commerciaux allemands pèsent sur la croissance des autres pays. Les déficits budgétaires et commerciaux des uns ne sont que la contrepartie des excédents des autres… Les États membres n'ont pas été capables de définir une stratégie coordonnée.

La zone euro aurait dû être moins touchée que les États-Unis ou le Royaume-Uni par la crise financière. Les ménages sont nettement moins impliqués dans les marchés financiers, qui sont moins sophistiqués. Les finances publiques étaient dans une meilleure situation ; le déficit public de l'ensemble des pays de la zone était de 0,6 % du PIB en 2007, contre près de 3 % aux États-Unis, au Royaume-Uni ou au Japon. Mais la zone euro souffrait d'un creusement des déséquilibres : les pays du Nord (Allemagne, Autriche, Pays-Bas, pays scandinaves) bridaient leurs salaires et leurs demandes internes et accumulaient des excédents extérieurs, alors que les pays de la périphérie (Espagne, Grèce, Irlande) connaissaient une croissance vigoureuse impulsée par des taux d'intérêt faibles relativement au taux de croissance, tout en accumulant des déficits extérieurs.

Alors que la crise financière est partie des États-Unis, ceux-ci ont tenté de mettre en œuvre une réelle politique de relance budgétaire et monétaire, tout en initiant un mouvement de re-régulation financière. L'Europe au contraire n'a pas su s'engager dans une politique suffisamment réactive. De 2007 à 2010, l'impulsion budgétaire a été de l'ordre de 1,6 point de PIB dans la zone euro, de 3,2 points au Royaume-Uni, de 4,2 points aux États-Unis. La perte de production due à la crise a été nettement plus forte dans la zone euro qu'aux États-Unis. Le creusement des déficits dans la zone a été subi plutôt que le résultat d'une politique active.

En même temps, la Commission a continué de lancer des procédures de déficit excessif contre les États membres de sorte qu'à la mi-2010 pratiquement tous les États de la zone y étaient soumis. Elle a demandé aux États membres de s'engager à revenir avant 2013 ou 2014 sous la barre de 3 %, indépendamment de l'évolution économique. Les instances européennes ont continué de réclamer des politiques salariales restrictives et des remises en cause des systèmes publics de retraite et de santé, au risque évident d'enfoncer le continent dans la dépression et d'accroître les tensions entre les pays. Cette absence de coordination, et plus fondamentalement l'absence d'un vrai budget européen permettant une solidarité effective entre les États membres, ont incité les opérateurs financiers à se détourner de l'euro, voire à spéculer ouvertement contre lui.

Pour que l'euro puisse réellement protéger les citoyens européens de la crise nous mettons en débat trois mesures :

Mesure n° 18 : assurer une véritable coordination des politiques macroéconomiques et une réduction concertée des déséquilibres commerciaux entre pays européens.

Mesure n° 19 : compenser les déséquilibres de paiements en Europe par une Banque de règlements (organisant les prêts entre pays européens).

Mesure n° 20 : si la crise de l'euro mène à son éclatement, et en attendant la montée en régime du budget européen (*cf. infra*), établir un régime monétaire intra-européen (monnaie commune de type bancor) qui organise la résorption des déséquilibres des balances commerciales au sein de l'Europe.

FAUSSE ÉVIDENCE N° 10 : LA CRISE GRECQUE A ENFIN PERMIS D'AVANCER VERS UN GOUVERNEMENT ÉCONOMIQUE ET UNE VRAIE SOLIDARITÉ EUROPÉENNE

À partir de la mi-2009, les marchés financiers ont commencé à spéculer sur les dettes des pays européens. Globalement, la forte hausse des dettes et des déficits publics à l'échelle mondiale n'a pas (encore) entraîné de hausses des taux longs : les opérateurs financiers estiment que les banques centrales maintiendront longtemps les taux monétaires réels à un niveau proche de zéro, et qu'il n'y a pas de risque d'inflation ni de défaut d'un grand pays. Mais les spéculateurs ont perçu les failles de l'organisation de la zone euro. Alors que les gouvernements des autres pays développés peuvent toujours être financés par leur Banque centrale, les pays de la zone euro ont renoncé à cette possibilité, et dépendent totalement des marchés pour financer leurs déficits. Du coup, la spéculation a pu se déclencher sur les pays les plus fragiles de la zone : Grèce, Espagne, Irlande.

Les instances européennes et les gouvernements ont tardé à réagir, ne voulant pas donner l'impression que les pays membres avaient droit à un soutien sans limite de leurs partenaires et voulant sanctionner la Grèce, coupable d'avoir masqué – avec l'aide de Goldman Sachs – l'ampleur de ses déficits. Toutefois, en mai 2010, la BCE et les pays membres ont dû créer dans l'urgence un Fonds de stabilisation pour indiquer aux marchés qu'ils apporteraient ce soutien sans limite aux pays menacés. En contrepartie, ceux-ci ont dû annoncer des programmes d'austérité budgétaire sans précédent, qui vont les condamner à un recul de l'activité à court terme et à une longue période de récession. Sous pression du FMI et de la Commission européenne, la Grèce doit privatiser ses services publics et l'Espagne flexibiliser son marché du travail. Même la France et l'Allemagne, qui ne sont pas attaqués par la spéculation, ont annoncé des mesures restrictives.

Pourtant, globalement, la demande n'est aucunement excessive en Europe. La situation des finances publiques est meilleure que celle des

États-Unis ou de la Grande-Bretagne, laissant des marges de manœuvre budgétaire. Il faut résorber les déséquilibres de façon coordonnée : les pays excédentaires du Nord et du centre de l'Europe doivent mener des politiques expansionnistes – hausse des salaires, des dépenses sociales… – pour compenser les politiques déficitaires des pays du Sud. Globalement, la politique budgétaire ne doit pas être déficitaire dans la zone euro, tant que l'économie européenne ne se rapproche pas à une vitesse satisfaisante du plein-emploi.

Mais les partisans des politiques budgétaires automatiques et restrictives en Europe sont malheureusement aujourd'hui renforcés. La crise grecque permet de faire oublier les origines de la crise financière. Ceux qui ont accepté de soutenir financièrement les pays de la périphérie veulent imposer en contrepartie un durcissement du Pacte de stabilité. La Commission et l'Allemagne veulent imposer à tous les pays membres d'inscrire l'objectif de budget équilibré dans leur constitution, de faire surveiller leur politique budgétaire par des comités d'experts indépendants. La Commission veut imposer aux pays une longue cure d'austérité pour revenir à une dette publique inférieure à 60 % du PIB. S'il y a une avancée vers un gouvernement économique européen, c'est vers un gouvernement qui, au lieu de desserrer l'étau de la finance, va imposer l'austérité et approfondir les « réformes » structurelles au détriment des solidarités sociales dans chaque pays et entre les pays.

La crise offre aux élites financières et aux technocraties européennes la tentation de mettre en œuvre la « stratégie du choc », en profitant de la crise pour radicaliser l'agenda néolibéral. Mais cette politique a peu de chances de succès :

– La diminution des dépenses publiques va compromettre l'effort nécessaire à l'échelle européenne pour soutenir les dépenses d'avenir (recherche, éducation, politique familiale), pour aider l'industrie européenne à se maintenir et à investir dans les secteurs d'avenir (économie verte).

– La crise va permettre d'imposer de fortes réductions des dépenses sociales, objectif inlassablement recherché par les tenants du néolibéralisme, au risque de compromettre la cohésion sociale, de réduire la demande effective, de pousser les ménages à épargner pour leur retraite et leur santé auprès des institutions financières, responsables de la crise.

– Les gouvernements et les instances européennes se refusent à organiser l'harmonisation fiscale qui permettrait la hausse nécessaire des impôts sur le secteur financier, sur les patrimoines importants et les hauts revenus.

– Les pays européens instaurent durablement des politiques budgétaires restrictives qui vont lourdement peser sur la croissance. Les recettes fiscales vont chuter. Aussi, les soldes publics ne seront guère améliorés, les ratios de dette seront dégradés, les marchés ne seront pas *rassurés.*

– Les pays européens, du fait de la diversité de leurs cultures politiques et sociales, n'ont pas pu se plier tous à la discipline de fer imposée par le traité de Maastricht ; ils ne se plieront pas tous à son renforcement actuellement organisé. Le risque d'enclencher une dynamique de repli sur soi généralisé est réel.

> Pour avancer vers un véritable gouvernement économique et une solidarité européenne nous mettons en débat deux mesures :
>
> **Mesure n° 21** : développer une fiscalité européenne (taxe carbone, impôt sur les bénéfices…) et un véritable budget européen pour aider à la convergence des économies et tendre vers une égalisation des conditions d'accès aux services publics et sociaux dans

les divers États membres, sur la base des meilleures pratiques.

Mesure n° 22 : lancer un vaste plan européen, financé par souscription auprès du public à taux d'intérêt faible mais garanti, et/ou par création monétaire de la BCE, pour engager la reconversion écologique de l'économie européenne.

Conclusion

Mettre en débat la politique économique, tracer des chemins pour refonder l'Union européenne

L'Europe s'est construite depuis trois décennies sur une base technocratique excluant les populations du débat de politique économique. La doctrine néolibérale, qui repose sur l'hypothèse aujourd'hui indéfendable de l'efficience des marchés financiers, doit être abandonnée. Il faut rouvrir l'espace des politiques possibles et mettre en débat des propositions alternatives et cohérentes, qui brident le pouvoir de la finance et organisent l'harmonisation dans le progrès des systèmes économiques et sociaux européens. Cela suppose la mutualisation d'importantes ressources budgétaires, dégagées par le développement d'une fiscalité européenne fortement redistributrice. Il faut aussi dégager les États de l'étreinte des marchés financiers. C'est seulement ainsi que le projet de construction européenne pourra espérer retrouver une légitimité populaire et démocratique qui lui fait aujourd'hui défaut.

Il n'est évidemment pas réaliste d'imaginer que vingt-sept pays décideront en même temps d'opérer une telle rupture dans la méthode et les objectifs de la construction européenne. La Communauté économique européenne a commencé avec six pays : la refondation de l'Union européenne passera elle aussi au début par un accord entre quelques pays désireux d'explorer des voies alternatives. À mesure que deviendront évidentes les conséquences désastreuses des politiques aujourd'hui adoptées, le débat sur les alternatives montera partout en Europe. Des luttes sociales et des changements politiques interviendront à un rythme différent selon les pays. Des gouvernements nationaux prendront des décisions innovantes. Ceux qui le désireront devront adopter des coopérations renforcées pour prendre des mesures audacieuses en matière de régulation financière, de politique fiscale ou sociale. Par des propositions concrètes ils tendront la main aux autres peuples pour qu'ils rejoignent le mouvement.

C'est pourquoi il nous semble important d'ébaucher et de mettre en débat dès maintenant les grandes lignes de politiques économiques alternatives qui rendront possible cette refondation de la construction européenne.

LES 630 SIGNATAIRES DU MANIFESTE D'ÉCONOMISTES ATTERRÉS au 24/09/2010

Gilbert Abraham-Frois, Jérôme Accardo, Daniel Adam, Audrey Aknin, Huguette Albernhe-Giordan, Gérard Alezard, Olivier Allain, Laurent Alt, Francisco Álvarez, Monique Allard, Bruno Amable, Wladimir Andreff, Eléonore Andrieu, Margarida Antunes, Jorge Arias, Joaquín Arriola, Angel Asensio, Philippe Askénazy, Michael Assous, Jean-Pierre Aubin, Corine Autant-Bernard, Christian Azaïs, Geneviève Azam, Olivier Aznar,

Jacques Baillon, Franck Bailly, Luc Baldacchino, Jean Ballay, Nicolas Bárdos-Féltoronyi, Emmanuel Barnac, Loraine Barra, Claire Barraud, Christian Barrère, Thomas Barreto, Jean-Louis Bars, Jean-Marc Bastardy, Marie-Luce Bastin, Philippe Batifoulier, Bruno Bauraind, Stéphane Baudement, François Beaujolin, Arnaud Beausoleil, Clément de Beauvoir, Alain Beitone, Michel Bellet, Carlo Benetti, Nicolas Bénies, Larry Bensimhon, Mathieu Béraud, Karine Berger, Kévin Bernardi, Youssef Berrechid, Nathalie Berta, Pierre Berthaud, Diane Berthezène, Jacques Berthillier, Hugues Bertrand, Yves Besançon,

Jean-Louis Besnard, Pierre Besses, Jean Bessière, Dominique Bessire, Christian Bessy, Pierre Bezbakh, Jacques Bigot, Gabriel Bissiriou, Séverine Blaise, Emmanuel Blanc, Jérôme Blanc, Danièle Blondel, Bernard Bobe, Frédéric Boccara, Paul Boccara, Jean-Joseph Boillot, Stéphane Bonnevault, Pierre-Marie Bosc, Yann Botella, Olivier Bouba-Olga, Sedira Boudjemaa, Jérôme Bourdieu, David Bourghelle, Lucile Bourquelot, Sylvie Bourrat, Sylvie Boussand, Jean-Marc Boussard, Marc Bousseyrol, Antoine Bouveret, Claudy Bouyon, Robert Boyer, Olivier Brette, Claude Briot, Olivier Brossard, Annemarie Bruggink, Guy Brun, Marie Brun, Rémi Brun, Mireille Bruyère, Pascal Buresi, Guy Burgel, Beat Burgenmeier, Pablo Bustelo, Pierre Butler,

Michel Cabannes, Hugues Cadas, James Cadou, Louison Cahen-Fourot, Alain Caillé, Pierre-Emmanuel Calmels, Géraldine Capdeboscq, Michel Capron, Yann Carduner, Pierre Carle, Ronaldo Carneiro, Clément Carré, Jean Cartelier, Benjamin Cartron, Charles Casanova, Dominique Cau-Bareille, Franck Caussin, David Cayla, Clarisse Cazals, Odile Chagny, Jacques Chamboux, Danièle Charry, Clément Chanteloup, Sébastien Charles, Isabelle Charpentier, Bernard Chavance, Ilyes-Mounir Chebbouta, François Chesnais, Maxime Chodorge, Loïc Chuiton, Nathalie Chusseau, Helene Clément, Denis Clerc, Sébastien Cogan, Denis Cogneau, Gabriel Colletis, Henri Colomer, Manuel Colomer, François Combarnous, Jean-Baptiste Combes, Maxime Combes, Christian Comeliau, Olivier Compagnon, Pierre Concialdi, Jean-Marc Conseils, Albano Cordeiro, Laurent Cordonnier,

Benjamin Coriat, Gérard Cornilleau, Charlotte Corre, Jacques Cossart, Jean Coudsi, Cécile Couharde, Jean-Marc Coursin, Thomas Coutrot, Sandrine Crouzet, Matthieu Crupel, Hélène Cussac,

Thomas Dallery, Evelyne Dablemont, Serge D'Agostino, Jocelyne Darnaud, Guillaume Daudin, David Bernardoni, Martin David-Brochen, Pascal Davoury, Jean-Louis Dayan, Hervé Defalvard, Arnaud de L'Épine, Louis de Mesnard, Elsa de Micheaux, Nicolas De Rosa, Alain de Toledo, Marie Delaplace, Bernard Delebecque, Ghislain Deleplace, Francesco Delfini, Patrick Delhaye, Claude Demange, Hervé Depecker, Benoit Deschodt, Michel Devoluy, Jean-Marc Di Trocchio, Elhadj Souleymane Diallo, Daniel Diatkine, Sylvie Diatkine, Pablo Diaz, Patrick Dieuaide, Yves Dimicoli, Claude Dis, Antoine d'Istria, Pierre Dockès, Jean-Paul Domin, Daniel Dos Santos, Giovanni Dosi, Christian Dreano, Marnix Dressen, Marc Drosdowsky, Bernard Drugman, Pierre Duharcourt, Bernard Dupont, Maryline Dupont-Dobrzynski, Annie Duprat, Christine Duprat, Camille Dupuy, Jean-Pierre Dupuy, Cédric Durand, Denis Durand, Guy Dutron, Nicolas Duval, Wlodzimierz Dymarski,

Christine Erhel, Roger Establet, Catherine Ettendorf, Anne-Lise Exertier, François Eymard-Duvernay, Arnaud Eymery-Degest, Philippe Eynaud,

Jean-Marie Falisse, Jean-Michel Faure, Olivier Faverau, Irène Favier, Sabine Ferrand-Nagel, Nicolas Feuga, Yann Fiévet, Marianne Fischman, David Flacher, François Flahault, Marc Fleurbaey, Jacques Floris, Jacques Fontanel,

Jean Fontanieu, Marica Frangakis, Anne Fretel, Jacques Freyssinet,

Maryse Gadreau, Jean Gadrey, Gabriel Galand, Franck Galtier, Joaquim Ganachaud, Françoise Gans, Claude Garcia, Sandrine Garcia, José García, Jonathan Garcia-Prat, Denis Garnier, Pascal Garnier, Jack Gaudard, André Gauron, Jérôme Gautié, Claude Gautier, Marc George, Bernard Gerbier, Dominique Gerin, Marie-Luce Ghib, Ariane Ghirardello, Lucien Gillard, Jean-Pierre Gilly, Victor Ginsburgh, Gaël Giraud, Jean-Marie Giraud, Jean-Marie Gisclard, Sandye Gloria-Palermo, Claude Gnos, Tom Goldman, Yves Goudet, Jean-Joseph Goux, Sylvain Gouz, Alain Grandjean, Bertrand Groslambert, Pierre Grou, Jacqueline Guéguen, Bernard Guibert, Cyriac Guillaumin, Hervé Guillaumot, Pierre Guyot-Sionnest, Philippe Guyonnet, Ozgur Gun, Emmanuelle Gurtner, Robert Guttmann, Chantal Guy,

Minh Ha-Duong, Georges Hamon, Hugo Harari-Kermadec, Jean-Marie Harribey, Malika Hattab-Christmann, Liem Hoang Ngoc, Henri Jacot, Joël Hellier, Joseph Henrotte, Eric Heyer, Ghislaine Hierso, Sandrine Higué, Christian Hoarau, André-Jacques Holbecq, Bernard Hollenstein, François Horn, Jean-Charles Hourcade, Isabelle Huault, Michel Husson,

Maurizio Iacopetta, Herrade Igersheim, Anne Isla, Sophie Jallais, Yannick Jambez, Philippe Jégard, Bruno Jetin, Thomas Jobert, Michel Joguet, Arnaud Joskin, Guillaume Jules,

Lucien Karpik, Jean-Yves Kerharo, Francis Kern, Jean-Charles Khalifa, Lyazid Kichou, Thierry Kirat, Marko Krzisnik,

Agnès Labrousse, Géraldine Lacroix, Jean-Pierre Lacour, Christian Lagarde, Philippe Laget, Paul Lagneau-Ymonet, Jérôme Lallement, Annie Lamanthe, Thomas Lamarche, Philippe Lambin, Jean-Marie Laneyrie, Dany Lang, Henri Lanta, Roland Lantner, André Larceneux, Jean-François Largillière, Patrice Laroche, Isabelle Laudier, Alain Laurent, Catherine Laurent, Nicolas Laurent, Marc Lautier, Christophe Lavialle, Emmanuel Lazega, Jeremy Leaman, Yves Le Bon, Alain Le Diberder, Robert Leduff, Jean-Christophe Le Duigou, Richard Le Goff, Edwin Le Héron, Thomas Le Letty, Pascal Lemain, Pierre Le Masne, Yvette Le Meur, Antoine Leblois, Claude Leboeuf, Jean-Christophe Leboucher, Arnaud Lechevalier, Jeremy Lees, François Legendre, Pierre-Yves Legros, Arnaud Lemarchand, Maryline Lemoine, Emeric Lendjel, Jacques Lewkowicz, Georgios Liagouras, Dominique Lidar, Etienne Longueville, Helena Lopes, Bertrand Lordon, Frédéric Lordon, Bruno Lorentz, Mireille Lust,

Gabriel Maissin, Denis Malabou, André Maltret, Sylvie Marchand, Luc Marco, Jean-Pierre Maréchal, Lucie Marignac, Jaime Marques Pereira, Bénédicte Martin, Pierrick Martin, Gustave Massiah, Antoine Math, Catherine Mathieu, Clotilde Mathieu, Michel Mathieu, Jérôme Maucourant, Salvatore Maugeri, Joël Maurice, Jacques Mazier, Jean-Marc Mazou, Matthieu Meaulle, Dominique Méda, Philippe Méhaut, Danièle Meulders, Fred Meyer, Frank Michel, Sandrine Michel, François Michon, Nicolas Miklós, Julien Milanesi, Catherine Mills, Miluz, Philippe Minard, Sébastien Minaux, Jean-Paul Moatti, Serge Monique,

Jean-Marie Monnier, Sabine Monnier, Alain Monod-Broca, Matthieu Montalban, Hélène Montagnac-Marie, Sabine Montagne, Etienne Montaigne, Virginie Monvoisin, Léna Moriceau, Alain Morin, François Morin, Marc Morin, Thierry Morin, Júlio Mota, Claude Mouchot, El Mouhoud Mouhoub, Laurent Mucchielli, Pierre-Alain Muet, Francis Munier, Stéphane Mussard, Tatiana Muxart,

Mahmoud Nabi, Alexandra Narezo, Martino Nieddu, Jacques Nikonoff, Henry Noguès, Stéphane Nourry, Jules Nyssen, Benoît Odille, Bertrand Ogilvie, Joël Oosterlinck, André Orléan, Fabienne Orsi, Jean-Luc Outin,

Jean-Pierre Page, Dominique Pallez, Christian Palloix, Dominique Panchèvre, Bernard Paranque, Claude Paraponaris, Arnaud Parienty, Eric Paturel, Françoise Pecoup, Elise Penalva, Coralie Perez, Roland Perez, Corinne Perraudin, Nicolas Perso, Héloïse Petit, Pascal Petit, Camille Peyrache, Lionel Pezat, Jérôme Philippe, Henri Philipson, Luc Piché, Jean-Jacques Piette, Nicolas Piluso, Alain Piveteau, Dominique Plihon, Vincent Plouvier, Alain Polet, Alain Policar, Paulette Pommier, Nicolas Pons-Vignon, Sophie Ponthieux, Alain Portron, Nicolas Postel, Thierry Pouch, René Poulaillon, Alexandra Poulain, Geneviève Prady, Isabelle Praneuf, Georges Prat, Franco Praussellon, Olivier Prêtre, Bertrand Prévost, Viviane Prévost, Nicolas Prokovas, Jean-Pierre Prosper, Lionel Prouteau, Emmanuelle Puissant,

Philippe Quirion,

Kunibert Rafer, Marc Raffinot, Michel Rainelli, Christian Ramajo, Christophe Ramaux, Gilles Raveaud,

Dominique Redor, Anne Reimat, Cécile Renouard, Bernard Reverdy, Françoise Renverse, Valérie Revest, Bénédicte Reynaud, Simon Richard, Arsène Rieber, Nicolas Rieucau, Jacques Rigaudiat, Maurice Rivron, Michel Rocca, Jean-Yves Rochoux, Michel Rogalski, Thierry Rogel, Patrick Roger, Philippe Rollet, Arnaud Romain, Daniel Rome, Claude Ronez, Jacques Rosselin, Sergio Rossi, Gilles Rotillon, François Roubaud, Juliette Rouchier, Jocelyne Rouesne, Marianne Rubinstein, Emmanuel Ruze,

Patrick Saint-Pierre, Alix de Saint-Vaulry, Pierre Salama, Catherine Samary, Alain Sand, Jacques Sapir, Claude Sauton, Catherine Sauviat, Damien Sauze, Corinne Schaffner, Christian Schmidt, Laurence Scialom, David Semel, Nadège Sene, Jean-François Sengkouvanh, André Serra, Francisco Serranito, Evelyne Serverin, Chingiz Shamshiev, Alain-Yves Sieuzac, Nuno Silva, Richard Sobel, Stefano Solari, Estelle Sommeiller, Marie-Louise Soula, Henri Sterdyniak, Antonella Stirati, Alfredo Suarez, Aleksander Sulejewicz, Mickael Sylvain,

Yamina Tadjeddine, Redouane Taouil, Gérard Tasso, Jacques Techfut, Patrick Ternaux, Stella Terrat, Cédric Terrier, Pascal Terrier, Renaud Du Tertre, Spyros Théodorou, Bruno Théret, Dominique Thévenot, Laurent Thévenot, Nadine Thévenot, Christophe Thiébaud, Philippe Thiémonge, Louis-Marie Tinthoin, Loïc Thomas, Bernard Thoquenne, Alex Tihange, Xavier Timbeau, Bruno Tinel, Isabelle Tissier, Jacques Toledano, Janus Tomidajewicz, Philippe Tonolo, Richard Topol, Hélène Tordjman, Ramon Tortajada, Emmanuel Tournier, Stéphane Trani,

Julien Tricard, Aurélie Trouvé, Jérôme Turcas, Christian Tutin,

Rémi Uzan,

Julie Valentin, Thomas Vallée, Ludovic Van der Eecken, Till van Treeck, Franck Vandevelde, Nicolas Vaneecloo, Julien Vauday, Bruno Ventelou, Carlo Vercellone, Corinne Vercher, Alban Verchère, Julien Vercueil, Éric Verdier, Jean-Claude Vergnaud, Michel Vernières, Jean-Marc Véron, Robert Vieillard, Pierre Villa, Pascal Villaret, Martine Vimeney, Krystyna Vinaver, Francis Vinkler, Annie Vinokur, Michel Volle,

Loic Wacquant, Serge Walery, Christopher Warner, Olivier Weinstein, Sandrine Wenglenski, Nicolas Werquin, Felix Weygand, Bernard Wolfer, Robert Wuthrick,

Patrick Zahnd, Philippe Zarifian, Michaël Zemmour, Alexis Zimmer, Jean-Benoit Zimmermann.

Table

Composé par Nord Compo Multimédia
7, rue de Fives, 59 650 Villeneuve-d'Ascq

Achevé d'imprimer en mars 2012
par l'Imprimerie Floch à Mayenne

Dépôt légal : novembre 2010
N° d'impression : 82072
Imprimé en France